AF595260

LETTRE A M. PITT.

LETTRE
D'UN FRANÇAIS,
A M. PITT.

OU

EXAMEN du systême suivi par le gouvernement britannique envers la France, durant les dernières années de la monarchie et depuis l'établissement de la République.

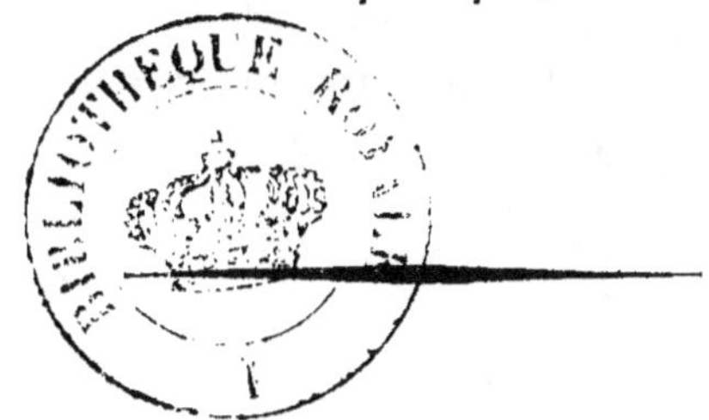

A PARIS,

CHEZ
DUPONT, libraire, rue de la Loi, n°. 1231.
MARET, libraire, Cour-des-Fontaines, Palais-Egalité.
DESENNE, libraire, Palais-Egalité.
MALHERBE, libraire, Palais-Egalité.
Et chez tous les marchands de nouveautés.

AN 6, (1797, v. st.).

Je recueillois depuis long-tems les matériaux d'un ouvrage que je me proposois de faire pour ma propre satisfaction, sur l'administration de M. Pitt. Je me suis décidé à en extraire quelques notes pour servir de base à un examen de la conduite de l'Angleterre à notre égard, depuis l'origine de la révolution. J'y ai été particulièrement déterminé par le manifeste que la cour de Londres vient d'adresser à l'Europe; manifeste où elle reproduit encore l'assertion *que c'est la France qui a provoqué la guerre.*

Il m'a paru intéressant, pour les deux nations, de traiter enfin d'une manière sérieuse une question sur laquelle il semble qu'il s'amasse plus de nuages à mesure que les événemens s'accumulent. Il ne peut être inutile de savoir précisément à quoi s'en tenir, sur le gouvernement britannique, dans les circonstances actuelles, et si ce gouvernement, dans la solitude vraiment désespérante où il se trouve, mérite encore notre haine ou s'il commence à devenir digne de pitié. S'il est démontré qu'il a voulu la guerre; qu'il la méditoit depuis huit ans, cette guerre atroce qu'il nous a faite; de quel droit exigeroit-il de la République Française qu'elle abandonnât des prétentions qu'il représente comme exagérées; qui, cependant, ont pour elles l'aveu de tous *les publicistes* de l'Europe, et sur lesquelles l'honneur, la sûreté et la justice nous font un devoir d'insiter tant que nous serons en mesure de les soutenir ?

J'ai remonté un peu haut pour prouver que l'initiative de cette guerre appartenoit au cabinet de Saint-James ; ce n'est pas ma faute, c'est celle de M. Pitt, qui méditoit notre ruine dès 1788 : il m'a semblé, d'ailleurs, qu'il falloit, en fait de preuves, faire quelque chose de complet, ou bien s'en tenir, sur cette matiere, à ce chamaillis de dénégations et d'assertions, de déclamations et d'épigrammes qu'on abandonne aux feuilles périodiques.

Je me contente de publier la première lettre ; je n'ai osé risquer à la fois tout l'ouvrage, dans un moment où les sujets les plus frivoles, comme les plus intéressans, peuvent à peine se promettre quelques lecteurs. La seconde lettre est écrite et suivra de très-près ; à moins que le public, en faisant à celle-ci un accueil défavorable, ne m'ordonne d'en rester là.

L. A. P.

Paris, ce 10 frimaire an 6.

MONSIEUR,

C'EST le privilège des grands évènemens et des grands noms d'échapper, dans le présent, à l'inattention qui nous permet à peine de remarquer les individus et les incidens au milieu desquels nous existons, et de survivre aux générations et aux siecles.

Cette prérogative, Monsieur, est une des plus belles de l'humanité : elle seroit trop enivrante pour ceux qui sont appelés à en jouir, si elle n'étoit tempérée par une responsabilité à laquelle nous les soumettons avec d'autant moins d'indulgence, qu'ils ont arraché à notre amour-propre plus d'aveux de leur supériorité : si les hommes célebres assistent souvent à leur apothéose, souvent aussi ils se voient la victime de tout ce que nous avons de passions dans le cœur et de travers dans l'esprit. Heureux, si l'injustice des contemporains ne vicioit souvent dans leur source les jugemens de la postérité !

Personne, Monsieur, n'a joui plus que vous des droits attachés à la célébrité, et personne n'en a subi davantage les rigueurs. Votre administration fait, depuis de longues années, la matière de tous les entretiens : considérée en elle-même ou par rapport aux grands évènemens auxquels, pour son malheur, elle se trouve liée, elle effacera sans doute les ministères les plus fameux de votre histoire.

Mais aussi elle a été en bute aux accusations les plus haineuses, et la moitié du monde hésite encore à vous ranger au nombre des grands criminels ou à vous décerner la réputation d'un grand ministre.

Au milieu de ces deux extrêmes, Monsieur, il est encore, même chez vos ennemis, des hommes sans passion qui ont étudié votre ministère et qui en ont attentivement suivi toutes les périodes. Etrangers à la prévention et à la frivolité, qui, le plus souvent, dispensent les éloges et le blâme, ils ont scrupuleusement pesé votre conduite; ils en ont sur-tout observé les variations du moment où elle a plus particulièrement commencé à intéresser l'Europe et l'humanité entière. C'est un de ces hommes, Monsieur, qui, malgré la distance qui vous sépare de lui, sous plus d'un rapport, ose vous appeler sur cette époque, sans contredit la plus intéressante de votre administration, à un examen d'où seront exclus et la passion et l'injustice, et ce futil esprit de censure qui prouve ses accusations par des saillies et qui prend ses raisons dans des ridicules ou dans de vaines déclamations.

Si je n'étois pas français, Monsieur, je ne pourrois point fixer, sans un sentiment profond de regret, le commencement de votre administration et sa fin, les espérances qu'elle avoit fait concevoir et celles qu'elle a déçues. Héritier d'un nom qui retrace aux anglais autant d'époques glorieuses, qu'il rappelle aux ennemis de la Grande-Bretagne de souvenirs douloureux, vous prîtes le timon de l'état dans un âge (1) qui fit regarder votre avènement comme un prodige. Tous les yeux, fatigués de fixer un horison de calamités et d'orages, se portèrent sur vous, et l'on dut vous croire envoyé

(1) M. Pitt fut fait ministre en décembre 1783, lorsqu'il n'étoit agé que de 24 ans.

par le ciel pour sauver le vaisseau de l'état, qui à peine sorti des tempêtes d'une guerre malheureuse, étoit encore battu par les flots de deux factions, jadis opposées, réunies pour se partager le gouvernail. Oser prendre les rênes dans les circonstances où se trouvoit alors l'Angleterre, arracher à des combattans, aussi redoutables par leur réputation que par le nombre, la proie qu'ils se disputoient, braver leurs attaques réitérées et présenter pour la première fois, peut-être, le spectacle d'un ministre résistant au vœu itérativement prononcé des communes pour sa destitution, c'étoit, à coup-sûr, débuter sous de brillans auspices et annoncer de hautes destinées. Vos ennemis, substituant le mépris aux moyens violens, feignirent de vous abandonner à votre inexpérience, et vous prédirent une chûte aussi prochaine que votre triomphe avoit été éclatant et rapide. Ils eurent la douleur de voir s'évanouir chaque jour leurs espérances, et chaque jour les força d'arracher de leur propre couronne des lauriers qu'ils attachoient à la vôtre.

Quel tableau, en effet, présentent les années de votre administration qui suivirent ces premiers succès ? L'Inde presque livrée aux divisions qui venoient d'arracher l'Amérique à l'Angleterre, et révoltée contre l'insatiable voracité des agens de la Compagnie, pacifiée et rattachée à la métropole par les liens d'un gouvernement vigoureux, où la politique et la justice envers les nations de l'Indostan étoient, autant que possible, conciliées (1) ; l'Amérique regagnée à l'Angleterre par des lois où la prévoyance des plus grands intérêts triompha d'une rancune aveugle qui ne sait rien prévoir ; les fermentations que la guerre avoit laissées en Irlande, appaisées par des mesures énergiques et par des propositions propres à

(1) Bill de l'Inde, passé en Juillet 1784.

calmer les cœurs les plus ulcérés (1) ; l'économie la plus sévère introduite dans le service public et dans la perception du revenu ; ce dernier sensiblement amélioré, et la contrebande, si fatale à un état dont les principales ressources posent sur les douanes, extirpée d'un seul coup par une opération aussi judicieuse que hardie (2) ; les désavantages de la paix de 1783 rachetés par un traité de commerce qui, avec l'extérieur de la réciprocité, nous rendoit tributaires de votre industrie et anéantissoit la nôtre ; le crédit public recevant une nouvelle énergie par un meilleur système d'amortissemens ; vos penchans personnels violentés dans l'accusation de M. Hastings, dans le but d'effrayer la corruption jusqu'aux bords du Gange, et de donner, aux yeux des princes de l'Indostan, une nouvelle sanction aux lois que vous aviez fait décréter pour ces contrées ; les colonies mises dans un état de défense redoutable, et la marine augmentée à un degré jusque là sans exemple ; la Hollande arrachée à la France par un coup de main, et cette dernière puissance, réduite à acheter la paix par des humiliations ; enfin, tous les genres d'industrie élevés au plus haut point de prospérité, et la richesse publique accrue en proportion des progrès que faisoit celle des particuliers ; tels sont, Monsieur, les traits principaux de votre administration, qui, jusqu'en 1787, fixèrent l'attention de l'Europe et vous méritèrent les éloges de tous les partis. Ces résultats vous firent pardonner beaucoup d'inconséquences et de foiblesses : votre facilité à plier vos plans à toutes les opinions fut prise pour la déférence de la modestie, et votre habileté à

(1) Bill pour établir sur le pied de la plus parfaite égalité les rapports commerciaux de l'Irlande et de l'Angleterre, en 1785.

(2) L'acte de COMMUTATION, et la destruction de tous les bâtimens SMUGGLERS. — 1786.

écarter deux fois (1) la question de *la réforme parlementaire* fut attribuée au desir sincère d'ajourner cette discussion importante aux tems où, débarrassé de soins plus pressans, vous auriez pu vous y livrer avec tout le zèle que vous y aviez mis en 1782.

Quoiqu'il soit difficile de dire que depuis 1787, jusqu'à l'époque où vous entraînâtes votre nation dans la guerre, votre conduite ait mérité autant d'éloges; cependant on trouve encore dans cet intervalle des actes qui ont pu prolonger la popularité dont vous n'aviez cessé de jouir. Si l'on a dû vous savoir gré d'avoir conservé la couronne à Georges III durant l'interrègne de 1788 et de 1789, et d'avoir déjoué un parti puissant qui vouloit la lui ôter, par de sages lenteurs; le peuple anglais n'aura point vu d'un mauvais œil le rôle que vous lui fites jouer à cette époque dans les affaires de l'Europe (2), puisqu'en apparence il l'en rendoit l'arbitre et sembloit devoir favoriser ses intérêts.

Ce qu'il y a de certain, Monsieur, et malgré la différence d'opinions qui peut exister sur la tendance réelle de vos plans politiques, dans les tems dont il s'agit, c'est qu'au moment où vous avez abandonné la paix, la Grande-Bretagne jouissoit de la plus grande masse de richesses qu'elle eut jamais possédée dans son sein; qu'elle étoit par-tout crainte, par-tout recherchée; et qu'enfin elle étoit arrivée à un degré de considération et d'influence dont on trouveroit à peine un autre exemple dans son histoire.

Comment l'Angleterre, de cette position brillante, est-elle tombée à celle où nous la voyons? Personne, Monsieur, ne peut mieux que vous assigner l'origine et la cause de ce changement, et

---

(1) En 1784 et en 1785.
(2) Guerre du Nord et du Levant.

personne aussi n'en paroît mieux apprécier la réalité.

Effrayé vous-même de la profondeur de l'abyme sur lequel penche la Grande-Bretagne, vous vous jettez alternativement dans tous les extrêmes du désespoir, et votre conduite envers votre ennemi en prend tous les jours les caractères. Depuis six mois on vous a vu, passant à son égard de la négociation à l'insulte, appeler l'Europe à concilier vos différends, la prendre à témoin de la pureté de vos intentions présentes et passées, et le lendemain retomber, dans votre parlement, dans tous les excès de la provocation et de l'injure. Ce désordre, Monsieur, n'en impose à personne, et l'on ne voit en vous qu'un homme qui cherche, en s'étourdissant sur ses erreurs passées, à s'aveugler sur les nouvelles fautes qu'il médite.

Cependant, Monsieur, c'est bien vainement que vous espérez tromper l'Europe par vos déclarations; elle en a depuis long-tems apprécié le mérite, et cette fois elle n'aura observé dans celle que vous lui avez adressée, que le changement étrange qui s'est opéré dans votre langage. Je sais que la politique accommode ses discours aux tems; mais en affaires générales, comme ailleurs, Monsieur, on en fait la remarque et l'on conçoit d'autant moins d'estime pour ceux qui se permettent cette inconstance, qu'ils ont passé d'une manière plus tranchante du ton de la menace à celui des explications. On n'étoit accoutumé jusqu'ici, Monsieur, qu'à vous voir *intimer* aux états l'ordre d'adhérer à la guerre *juste et nécessaire* que vous nous avez faite, à la *guerre d'extermination* que vous persistez à vouloir nous faire; or, il y a loin du manifeste d'octobre 1797, aux déclarations passées en 1793 à Berne par *mylord Fitzgerald*, à la Haye par *mylord Aukland*; à Florence par *mylord Hervey*; à Gênes par *M. Drake*.

C'est toujours un grand pas vers la récipiscence, Monsieur, que vous ayez reconnu pour arbîtres, des états si long-tems traités en sujets; mais je doute qu'ils croyent à la sincérité de vos intentions et qu'ils voyent autre chose dans votre manifeste, que les tardifs retours, que les foiblesses d'un coupable qui n'a pu exécuter ses projets.

Si quelque chose a dû rendre vos déclarations suspectes, c'est d'avoir osé remettre sur le tapis une question décidée depuis long-tems contre votre cabinet, et d'avoir de nouveau rejeté sur la France *la provocation de la guerre actuelle*. Je ne sais dans quel but vous avez jugé à propos de remettre en jeu cette assertion; à moins que vous ne prétendiez par-là vous soustraire aux restitutions, qui, selon tous les publicistes, doivent toujours suivre, de la part de l'aggresseur, une guerre que ses injustices et ses provocations ont amenée. Si l'on pouvoit raisonnablement supposer à votre cabinet, composé comme il l'est, une intention qui implique l'aveu de quelques principes, je n'hésiterois point, Monsieur, si j'en étois le maître, à vous prendre sur parole et à soumettre la question qui divise nos deux pays à l'arbîtrage des états que vous interpellez ; tant je suis persuadé qu'il n'est pas en Europe un gouvernement qui n'ait, et la preuve, et la conviction des efforts inouis que vous avez faits pour amener cette guerre désastreuse long-tems avant qu'elle n'eut éclaté!

Malheureusement ces preuves n'ont pas été à la portée de tout le monde; les cabinets, soit ménagement, soit indifférence, les ont enfouies dans leurs archives, et les peuples, fatigués de n'entendre sur cette question que des assertions et des dénégations répétées, ont cessé d'y mettre aucune importance. Cependant, Monsieur, les hommes éclairés attachent toujours le même intérêt à la voir approfondie. Vous-même, j'en suis sûr, vous ne voudriez point, sur cette matière, d'une croyance implicite. Eclaircissons donc sérieusement une question sur laquelle il existe encore tant d'incertitudes, et qui est si intéresssante pour votre gloire. Nous ne ferons qu'anticiper sur un examen auquel, dans le calme de la retraite, vous ne tarderez pas à vous livrer; car le moment n'est pas loin, sans doute, où vous l'appellerez vous-même : alors vous reviendrez sur les tems où vous fûtes libre de vous faire un systême relativement à la grande révolution qui s'annonçoit en France, et vous examinerez jusqu'à quel point votre conduite a été dirigée par la fermeté de l'homme d'Etat, ou par la condescendance du courtisan; par la prévoyance et l'esprit d'un disciple de *mylord Chatham*, ou par l'aveuglement et le délire d'un sectateur de *M. Burke;* par l'intérêt du repos public et du bien général, ou par le calcul aussi faux qu'atroce de prétendre à tout brouiller pour régner au milieu du désordre.

Reportons-nous, Monsieur, au tems dont je viens de parler; remontons même jusqu'à l'époque où la révolution française, encore au berceau de la réforme, laissoit entrevoir ses destinées. Voyez le parti que vous prîtes alors, et les conséquences qu'il a eues, et dites, si vous le pouvez, comme mylord *Bolingbroke*, revenant, après la paix d'Utrecht, sur son ministère : « Si j'étois à recommen- » mencer, ma conscience me dit que je ferois ce » que je fis alors. » (1)

La monarchie française, menaçoit ruine dès 1788, et comme vous le disiez vous-même en plein parlement après votre triomphe en Hollande, *elle étoit décrepité dans toutes ses parties* (2). Dès ce moment vous mesurâtes, non pas les débris de

(1) Lettres de Bolingbroke, sur l'Étude de l'Histoire.

(2) Séance de la Chambre des Communes, du 11 décembre.

la monarchie, mais les débris de la France, de sa puissance, de sa considération, et vous cherchâtes quels étoient ceux qu'il vous convenoit de vous approprier. Il est vraisemblable que vous en auriez eu le choix, si le timon de l'état n'avoit changé de mains.

Je ne veux, Monsieur, ni insulter aux morts, ni flatter les vivans. Les actions m'ont toujours paru indépendantes des personnes et des titres, et je ne donnerai point dans le travers d'incriminer les unes par haine pour les autres. Mais nos ministres, dans ces tems difficiles, furent aussi imprévoyans au-dehors qu'ils l'étoient au-dedans. La sage et vigoureuse politique de Vergennes étoit morte avec lui (1), et tout ce qu'il avoit fait d'efforts pour modifier, autant que le permettoit le despotisme de la reine, le systême vicieux de nos alliances, fut perdu dès que sa voix ne fut plus dans le conseil pour arrêter le torrent de corruption qui nous entraînoit irrésistiblement vers la cour de Vienne. S'il eut vécu et si le ministre, qui sut conquérir son estime dans la négociation de la paix dernière, et la conserver long-tems après; si le marquis de Lansdowne avoit été à votre place, tout ce qui se passa alors en Europe ne seroit point arrivé. Les affaires de Hollande, entre ses mains, n'auroient point pris la fausse direction

---

(1) J'ai toujours été étonné de voir le peu de justice qu'on rendoit en France à ce ministre, qui osa être PATRIOTE dans un cabinet où c'étoit un crime de l'être. Il semble que tout le monde n'ait conservé de lui que les calomnies et les haines dont il fut l'objet. On a oublié, ou plutôt, on n'a jamais connu, sa conduite lors de la succession de la Bavière, et son influence sur la paix de Teschen; la manière sage et vigoureuse avec laquelle il prépara tout pour la guerre de 1778 contre l'avis du conseil, la résistance inutile, à la vérité, qu'il opposa à l'invasion de la Crimée, et la fermeté par laquelle il fit échouer les prétentions injustes de Joseph II sur les Bataves, et ses plans d'échange de la Bavière contre les Pays-Bas. Il semble que Vergennes n'est connu et apprécié que chez nos ennemis.

qu'elles reçurent sous son successeur, et le dénouement honteux de cette tragédie n'auroit pas motivé, jusqu'à un certain point, les rapprochemens qui s'opérèrent brusquement, à cette époque, entre nos ministres et les deux cours impériales. Il n'auroit point laissé renaître contre la Prusse la ligue monstrueuse que les erreurs et les revers de la guerre de 1756 n'avoient pu guérir de ses projets absurdes : il auroit encore moins été la dupe des illusions que les cours de Saint-Pétersbourg et de Vienne pouvoient nous offrir, et dont les évènemens, depuis la paix de 1763, nous avoient parfaitement mis à même d'apprécier la réalité.

J'avoue, Monsieur, que ces évènemens extraordinaires purent, en quelque sorte, justifier la marche que vous suivîtes alors et qui est devenue le germe de tout ce que nous allons voir dans la suite. Le marché passé avec le Landgrave de Hesse (1), pour avoir chez ce prince pendant quatre ans 12,000 hommes à votre disposition; la Convention conclue à Loo avec la Prusse (2), étoient des mesures qui compromettoient le repos général; mais elles étoient conséquentes; mais elles étoient, peut-être, nécessaires dans les circonstances où se trouvoit l'Europe. Vous attendiez la guerre et l'effet des ressentimens que devoit laisser, dans le cœur de nos ministres, l'affaire de la Hollande; il étoit naturel d'en imposer par des alliances, d'effrayer par des diversions; vous aviez déjà allumé la guerre dans le Levant, aussi-tôt que la Russie avoit paru prendre ombrage du rôle que vous aviez fait jouer à la Prusse (3) : cette

(1) Traité conclu avec le Landgrave de Hesse, immédiatement après l'invasion de la Hollande, en septembre 1787.

(2) Traité d'alliance, entre l'Angleterre et la Prusse, conclu à Loo, sous le nom modeste de convention, en juillet 1788.

(3) Rien ne prouve mieux que ce fut vraiment l'Angleterre

rupture embarrassoit la France ; la forçoit de conniver contre ses intérêts à l'abaissement de la Porte. Il vous fut facile de lâcher comme un enfant perdu, dans cette querelle, le monarque nécessiteux et vain de la Suède par l'attrait de la gloire et par l'appât d'un subside. Vous bouleversiez votre système d'alliance, mais vous n'étiez peut-être pas le maître de le conserver. Vous occupiez la Russie au nord et à l'est ; vous teniez la Prusse en réserve contre la France et l'Empereur s'ils se fussent déclarés : enfin vous aviez l'avantage d'avoir disposé les choses, de manière à ne pas permettre à la France de se flatter de n'avoir avec vous qu'une lutte purement maritime, dont la guerre d'Amérique vous avoit appris à connoître tous les dangers.

L'aveuglement, la mal-adresse qui avoient présidé aux combinaisons de notre cour ; le silence qu'elle garda ; les ménagemens au moyen desquels, sous le prétexte d'une fausse modération, elle sacrifioit et sa considération et la Porte son alliée, vous prouvoient assez que notre gouvernement étoit tombé dans ce marasme qui précède la mort. Ni ses fautes, ni leurs conséquences n'échappoient parmi-nous aux patriotes et aux observateurs. En vous tenant en mesure contre les apparences auxquelles ce cabinet décrépit pouvoit encore prendre part, toute votre attention devoit donc se tourner vers les hommes qui appeloient, à grands cris, un nouveau système.

Mais je l'ai déjà dit plus haut ; vous mesuriez les débris de la France pour vous en emparer. C'étoit bien moins le soin de votre conservation,

---

qui poussa les Ottomans à la guerre contre la Russie, en 1787, pendant que les affaires de Hollande étoient indécises, que les peines que se donnèrent les ministres anglais, à cette époque, pour convaincre l'Europe du contraire, par des déclarations solemnelles passées dans toutes les cours.

que la haine, qui dirigeoit tous vos mouvemens. Notre ministère avoit des torts aux yeux de tous les bons esprits; mais ce n'étoit que de prendre, pour se garantir des effets de cette haine, des mesures réprouvées par la saine politique. Tout lui imposoit, au contraire, le devoir de recourir aux moyens les plus vigoureux et les plus solidement concertés. Abusant de l'état de prospérité où se trouvoit alors l'Angleterre, et de nos embarras intérieurs, le cabinet britannique ne gardoit plus aucune mesure. On le vit afficher l'insolente prétention de casser toutes celles de nos alliances qui pouvoient éventuellement nuire à ses intérêts; il alloit à la suprématie par la ruse et par la menace, il témoignoit un desir ardent de pacifier, et il soufloit par-tout la guerre; il nous endormoit par des déclarations très-modérées sur la Hollande, lorsqu'il traitoit avec le roi de Prusse pour l'envahir (1); il nous contestoit le droit de soutenir contre cette invasion, un état avec lequel nous étions liés par un traité, et prétendoit justifier celui qu'il s'arrogeoit d'y entrer les armes à la main, sans provocation comme sans appel, pour en changer la constitution. La République subjuguée, il usa de son triomphe avec une insolence inouie. Non content de nous avoir humiliés jusqu'à signer la déclaration, *que nous ne conservions aucun ressentiment de ce qui s'étoit passé* (2), il nous demandoit compte de nos vues et de nos projets en Europe, et en Asie avec le ton d'un maître (3). Il exigeoit que nous exécutassions seuls

(1) C'étoit en août 1787 que M. Pitt menoit de front ces deux intrigues, qui, au surplus, grace à nos ministres, lui réussirent parfaitement.

(2) Déclarations échangées entre M. de Montmorin et M. le duc de Dorset, octobre 1787.

(3) Offices passés par le duc de Dorset, immédiatement après la conclusion des affaires de Hollande, et renouvellés au commencement de 1788.

les

les clauses du traité de commerce qui étoient réciproques; lorsque nous résistions, il menaçoit; lorsque nous réclamions, il opposoit le prétexte frivole et dérisoire de ses loix intérieures. Toutes les vexations auxquelles prête la législation fiscale du monde la plus compliquée, étoient pour notre commerce en Angleterre; il exigeoit impérieusement pour le sien en France toutes les facilités. Bientôt, comme le vouloit hautement le duc de Richmond, il nous auroit demandé l'abandon de Cherbourg et le comblement de Dunkerque, s'il n'eut vu jour, en temporisant. à obtenir bien davantage. Il accusoit notre alliance avec la Hollande d'être la base de projets sinistres de notre part dans l'Inde, et il eut à peine fait la contre-révolution dans cette république, qu'il ne rougit pas de demander la cession de Trinquemale (1), apparemment *dans le but unique, qu'il desiroit d'obtenir, de conserver à chacun, dans les mers orientales, les droits qu'il pouvoit y avoir, et de ne troubler personne dans l'exercice de ses justes prétentions* (2). Certes, Monsieur, il y avoit dans cette conduite plus qu'il n'en faudroit pour faire éclater une cour plus dégénérée encore que ne l'étoit celle de Versailles à cette époque, et il n'y a aucun bon français qui ne sente un mouvement d'indignation, quand il réfléchit que tant d'insultes furent dévorées avec résignation et qu'à d'aussi affreuses réalités on

---

(1) Il n'y avoit pas encore assez de corruption dans le parti stathoudérien pour accéder à cette demande. Mais il est de fait que le chevalier Harris (mylord Malmesbury) l'articula, et que ce fut cette demande qui fit trainer, pendant plusieurs mois en longueur la négociation du traité d'alliance qui fut enfin conclu entre la Hollande et l'Angleterre, en 1788.

(2) Ce fut là l'esprit du langage des ministres britanniques tant qu'ils négocièrent avec nous sur les affaires de la Hollande, pour justifier la crainte que leur inspiroit, relativement à l'Inde, notre alliance avec la république.

n'opposa que de vains fantômes de négociations qui nous livroient encore une fois aux jeux combinés des cours de Vienne et de Pétersbourg, et à toutes leurs conséquences.

L'esprit qui dirigeoit la conduite de votre cabinet n'échappoit nullement aux vrais patriotes en France; mais le plus grand nombre aimoit à croire que les fautes de notre administration y entroient pour beaucoup, et qu'en changeant sérieusement de système il étoit possible d'opérer entre la France et la Grande-Bretagne un rapprochement sincère qui auroit mis un terme aux convulsions qui menaçoient l'Europe d'un embrâsement général. Ces hommes, dès 1789, firent entendre leur voix; ils développèrent leurs vues; ils jettèrent en avant des idées nouvelles, que l'on vous supposoit capable d'apprécier et d'accueillir. En censurant ouvertement la marche de notre ministère, ils donnoient à la cour de Vienne une inquiétude sérieuse, et à la vôtre l'éveil des démarches qu'ils desiroient lui voir faire. Dites, Monsieur, ce qui fut épargné, ou plutôt ce qui ne fut pas prodigué pour vous amener à concourir à ces idées, dignes de germer en France dans un tems où l'on abjuroit tant de préjugés? Que ne fit-on pas pour préparer la nation à ces idées, pour la prévenir en faveur de votre pays? Ces efforts n'eurent que trop de succès, et nous retrouvons encore par-tout les traces de l'anglomanie qu'ils parvinrent à inoculer sur tous les points de la France.

Loin de répondre à ces invitations, je dirai même à ces agaceries; loin d'accueillir d'une maniere loyale les ouvertures positives que l'on vous fit dans la suite, et auxquelles on étoit parvenu, du moins en apparence, à déterminer notre cour, vous poursuivites votre système de domination et de hauteur, comme si vous aviez pris à tâche de donner le démenti aux hommes qui prétendoient à la possibilité d'un rapprochement entre les deux nations.

Comment en effet, Monsieur, justifier la conduite que vous avez tenue jusqu'au milieu de 1790? Si vous n'eussiez voulu qu'imposer par des alliances bien combinées, auriez-vous employé ces alliances à amener, à prolonger l'espèce d'anarchie qui régna en Europe jusqu'à cette époque? Je ne prétendrai point à peindre cette anarchie; ce seroit avoir la témérité des peintres qui ont essayé de représenter le chaos. Tout étoit renversé, tout étoit confondu, et cet état de choses parut propre à échafauder des spéculations séduisantes. Le parti que vous aviez souflé à la Prusse d'influer sur la guerre de la Suède et sur celle des Turcs et de lier les deux guerres ensemble; la circonstance où se trouvoit l'Europe, embrâsée au Levant et au Nord, paralysée et morte au centre, avec une insurrection dans la Belgique qui pouvoit devenir sérieuse, tout cela parut prêter à des combinaisons nouvelles auxquelles vous semblâtes attacher votre sanction. La cour de Berlin, par la fougue qui la portoit à négocier par-tout, à s'offrir par-tout comme médiatrice, comme ennemie ou comme alliée; par son empressement à échauffer les Ottomans au milieu de leurs défaites; à irriter la Suède et à proposer son intervention à Pétersbourg et à Vienne, sembloit réellement gouverner l'Europe; mais on savoit que vous étiez l'ame de ses mouvemens, sans partager son délire; on savoit que vous remplissiez assez les obligations que vous imposoient, envers cette puissance, les services rendus en Hollande, pour satisfaire aux convenances, sans vous compromettre; pour châtier la Russie de la convention de neutralité de 1782, et pour déterminer cette puissance, par cette rigueur momentanée, à se montrer plus facile dans les négociations de commerce que vous suiviez avec elle depuis long-tems. Si vous accueillîtes les confidences romanesques que vint vous faire le général *Schlieffen* (1) au nom du roi de Prusse, son protecteur et son ami; si vous parûtes vous prêter aux bruits que cette entrevue *secrétissime* fit circuler et goûter la réunion de la Belgique à la Hollande sous un stathouder électeur; le morcellement de la Saxe et l'élévation de la maison qui y règne, (mais on destinée à être la dupe et la victime des projets de ses voisins) au trône de la Pologne; le rétablissement de ce royaume dans ses anciennes limites et l'expropriation des deux cours impériales de ce que le partage de 1772 leur avoit donné; vous ne voulûtes, à coup sûr, que nourrir dans le cabinet de Berlin une inquiétude et une turbulence utiles à des plans moins imaginaires. Je sais que d'un autre côté, les trois cours coalisées vous rendoient projets pour projets, et qu'on remettoit sur le tapis des idées absurdes de démembrement au Levant et au Nord, auxquelles on nous faisoit prendre part (2). Mais ce qui résultoit

(1) Le général Schlieffen, gouverneur de Wesel, fut envoyé à Londres par le roi de Prusse, en août 1789. L'amitié du roi pour lui, les entrevues qu'il avoit eues à la Haye, en juillet, avec lord Dover, membre du cabinet en Angleterre; le secret qu'il fit de sa mission à Londres, même au ministre de Prusse; le soin avec lequel il répandit qu'il n'en avoit aucune; le mystère de ses entrevues avec les ministres anglais durant les deux mois qu'il demeura à Londres; tout concouroit à donner de la consistence aux bruits qui couroient sur l'objet de son voyage.

(2) On répandoit à la Haye et ailleurs, en 1789, que nous concourions au démembrement de la Porte et que nous devions avoir l'Égypte et l'isle de Candie. On pouvoit, au fond, établir bien des conjectures sur l'étrange conduite de nos ministres, qui ne se mêloient des affaires du Levant, que pour désespérer les Turcs et servir, par des bons offices sans nombre, les deux cours impériales, et qui, au commencement de 1788, avoient fait une réponse extrêmement honnête à la notification qu'avoit fait la Russie, de son intention d'envoyer une escadre dans la Méditerranée. La cour de Londres les consulta pour savoir s'ils étoient disposés à permettre ce passage; ils répondirent en esquivant.

de tout ceci, de plus réel pour l'Europe, c'est qu'elle se voyoit harcelée, fatiguée par des mouvemens contradictoires dont on ne voyoit point la fin. Il eut été digne d'un ministre, ami du repos général, de terminer ces oscillations et de saisir toutes les occasions qui s'offroient de former à cet effet, avec la France, un concert efficace.

Cette occasion vint se présenter, Monsieur, et d'une maniere décisive. La mission extraordinaire dont fut chargé auprès de votre cour un prince français (1), qui n'est que trop célèbre, vous donnoit un moyen de mettre sérieusement à l'épreuve les professions de la nôtre pour la tranquillité générale. Quelles que fussent les circonstances et le personnage, c'étoit l'envoyé qu'il falloit voir : il ne tenoit qu'à vous, par une réponse franche et cathégorique à ses ouvertures, de déjouer la ligue autrichienne à Paris, et de réaliser le desir que vous aviez tant de fois témoigné de réunir les deux états dans les liens de la plus intime confiance. Vous savez mieux que personne à quoi aboutit cette mission (2), et s'il en faut rejetter le résultat sur nos ministres, vous devez aussi, Monsieur, en partager le blâme aux yeux de tous les gens sensés.

Vous ne vouliez point d'union, Monsieur. Mais dans quel but aviez-vous donc fait porter des plaintes à Paris par le duc de *Dorset* (3) *de la défiance qui régnoit, au detriment général, entre les deux cours?* Quelle étoit votre intention en ordonnant à ce même ambassadeur de demander (3) *que l'assemblée nationale fût instruite du*

(1) Le duc d'Orléans arriva à Londres en octobre 1790, avec une mission réelle, quoiqu'on en ait pu dire alors et depuis.

(2) Départ du duc d'Orléans de Londres, en juillet 1790.
(3) Février 1788.
(4) Août 1789.

desir de votre cour, de resserrer les nœuds qui unissaient les deux nations ? Que signifioit cette démarche, si elle n'étoit une proposition d'alliance? Dans le premier cas, Monsieur, vos plaintes n'étoient qu'un voile modeste pour couvrir les sommations les plus arrogantes, et l'interrogatoire le plus insultant. Dans le second, vous ne vouliez que semer la discorde et exaspérer les partis. Vous jettiez la lumière de l'évidence sur ce que pensoient des hommes, dont l'opinion n'étoit point à mépriser, du projet d'une alliance avec l'Angleterre. « Sans doute, disoient-ils, qu'une coalition » entre la France et l'Angleterre seroit desirable, » parce qu'elle assureroit le repos de l'Europe : » mais où est la base sur laquelle on puisse asseoir » la confiance que nous mettrions dans la cour de » Londres? Cette cour nous jalouse et nous hait. » Si nous nous rapprochons d'elle, elle voudra » nous dominer ; si nous résistons à sa volonté, » elle nous trahira sans scrupule. Il se trouvera » que nous aurons sacrifié nos rapports sur le continent, pour former une liaison éphémère et insidieuse avec une rivale dont nous devons nous » méfier ».

Voilà, Monsieur, les argumens au moyen desquels on fermoit la bouche aux partisans de l'alliance avec votre cour. Dans ces argumens, on ne conteste point l'efficacité de cette alliance ; on se borne à en nier la possibilité, à cause de la perfidie et de la hauteur éprouvées de votre cabinet. Il ne tenoit qu'à vous de battre ces raisonnemens en ruine, en faisant, pour l'utilité commune, le sacrifice de l'étiquette qui règle l'initiative et le développement des propositions. Des termes positifs et précis ne pouvoient vous compromettre ; ils eussent réduit les résistances parmi nous à des faux fuyans, et l'Europe eut été arrachée au désordre où elle étoit plongée.

Mais, Monsieur, rien n'est plus vrai, aujourd'hui que les événemens ont mis au jour les replis de vos secrets, que ce que disoient alors plusieurs observateurs impartiaux. Vous ne vouliez ni la paix ni la guerre. Si vous eussiez voulu la guerre, vous n'auriez point abandonné les Belges, après avoir accueilli les députés qu'ils vous avoient envoyés (1), après avoir laissé se répandre le projet d'une convention à laquelle auroient pris part la Prusse et la Hollande, pour leur garantir leurs constitutions (2), et après leur avoir envoyé des armes : vous n'auriez point fait entendre à la Prusse, par une déclaration concertée avec la Hollande (3), que vos traités avec elle n'étant que défensifs, vous ne la soutiendriez point dans ses aggressions, ce qui étoit l'abandonner après l'avoir excitée; vous auriez enfin soutenu la Suède d'une manière décisive, et envoyé une flotte dans la Baltique, aussi-tôt que l'escadre danoise eut opéré sa jonction à Kioga avec l'escadre russe, événement qui faisoit prévoir les désastres de Wibourg. Ce secours eut été plus direct et plus efficace que les déclarations froudroyantes de M. Elliot à Coppenhague. Si vous eussiez voulu la paix, auriez-vous souffert que la cour de Berlin trompât la Porte par un traité insidieux (4), la poussât à une vaine résistance, et mit tout en œuvre pour faire échouer les négociations entamées à

---

(1) Delancey (d'Anvers) et Vandernoot (de Bruxelles) arriverent à Londres en mars 1789.

(2) Le bruit de cette convention courut en octobre 1789.

(3) Cette déclaration est d'avril 1790. Elle correspond à l'avènement de Léopold et, comme on le verra plus bas, fut occasionnée par les ouvertures qu'il fit à l'Angleterre.

(4) Ce traité fut conclu à Constantinople, le 5 février 1790. Une preuve de la bonne-foi de la Prusse dans ce traité, c'est qu'elle renvoya à 5 mois l'échange des ratifications, ordinairement fixé à trois, et cela lorsqu'Okzakow étoit pris et que les deux cours impériales faisoient des progrès effrayans contre les Turcs.

Yassi ? Auriez-vous encouragé la Suède à s'obstiner à sa ruine, et à risquer, en continuant une lutte inégale, et la sûreté de ses états, et les résultats, encore précaires, de la révolution de 1772 ? Auriez-vous permis, d'un côté, qu'on berçât *Gustave III* du projet insensé de se remettre sur le pied de la paix d'Abo (1), qu'on l'irritât contre la Russie, qui n'avoit sur lui aucunes prétentions, et de l'autre, qu'on leurrât le nouveau sultan *Selim III*, victime de votre turbulence, comme il l'étoit de notre foiblesse, de l'espoir chimérique, inspiré à son predécesseur, de recouvrer la Crimée ? Le fonds de tout cela, Monsieur, s'éclaircit par un aveu échappé, dans le tems, à mylord *Thurlow* (2) : « Nous ne manquerons pas de prétextes, disoit-il, » pour nous immiscer, quand nous le voudrons sé- » rieusement, dans tout ce qui se passe et même » pour amener une guerre générale à laquelle nous » serions forcés de prendre part. Mais dans ce » moment, notre industrie, notre commerce, nos » finances, tout prospère. Irons-nous, pour des » casualités, risquer les avantages d'une si » belle position ? Pour l'instant nous devons donc » nous borner à voir venir les événemens ».

Voilà, Monsieur, en deux mots la solution de l'énigme que présentoit votre conduite. Il étoit agréable de voir tous les cabinets aux prises, et s'épuisant en préparatifs ou en de vaines hostilités ; toute l'Europe embrâsée par le trop de confiance des uns et par la fougue des autres, et de demeurer simple spectateur de tous ces mouvemens dont on étoit l'ame. L'Angleterre pendant ce tems-là augmentoit sa richesse et sa prépondérance aux dépens de tous. Sans autres frais que ceux

(1) Ce monarque, justement nommé le Dom Quichotte du Nord, fit de ce projet, vers la fin de 1789, une déclaration qui, [illegible], fut rendue publique.

(2) Vers la fin 1789.

d'une escadre d'évolution qu'elle faisoit manœuvrer devant la famille royale, elle maintenoit sa suprématie, elle nourrissoit par-tout des craintes et des espérances, et se tenoit en mesure, sans rien semer, de moissonner par-tout.

Ce système atroce de diviser pour dominer, et de conspirer sous le masque de la paix contre la prospérité de tous, étoit plus funeste à l'Europe que la fureur ouvertement guerroyante qui emportoit le roi votre maître. Il auroit mieux valu que l'influence de ses correspondances secrètes avec le roi de Prusse (1), pour le pousser à des aggressions, eût amené une explosion qui auroit décidé du sort de l'Europe, que de la voir fatiguée par vos menées contradictoires. Un mouvement décisif de progression, quelque direction qu'il eut pris, auroit été préférable à ces oscillations qui la détraquoient. La froideur et le bon esprit de *Léopold*, qui succédoit (2) à un monarque brouillon, vinrent faire cesser ces oscillations. Il eut le bon sens de s'adresser d'abord à vous, ensuite à la Prusse, pour faire sa paix avec les Ottomans. Cette ouverture étoit précieuse; vous la reçûte avec une sécheresse apparente ; mais vous ne la laissâte point tomber. L'accepter, c'étoit rompre le fil de l'intrigue politique que vous suiviez depuis deux ans; mais cet épisode alloit à votre but, et vous ne dûte point l'écarter. La médiation qui vous étoit déférée, étoit d'autant

(1) M. Pitt vouloit animer la Prusse et l'exalter, mais non lui voir faire des démarches qui pouvoient brusquer une guerre générale. Le roi d'Angleterre, de son côté, avoit son système ; il vouloit franchement la guerre, et il y poussoit Frédéric-Guillaume par une correspondance intime que M. Pitt parvint à découvrir au commencement de 1790. Cette découverte occasionna, dans le conseil, une scène très-violente, à la suite de laquelle M. Pitt et son parti demeurèrent maîtres du champ de bataille.

(2) Léopold arriva à Vienne en février 1790.

plus flatteuse, que la France se l'étoit jusques-là promise, et que cette puissance recueilloit, encore une fois (1), le fruit ordinaire de ses complaisances aveugles pour un allié toujours préféré malgré son ingratitude. Enfin, ce rapprochement, que nous ne vous soupçonnerons point d'avoir préparé, devint le germe de la convention, qui fut bientôt conclue entre *Léopold* et la Prusse, pour poser la base de de la paix séparée du roi de Hongrie avec la Porte (2) ; de la paix précipitée que fit la Suède (3) avec la Russie, et enfin du congrès qu'on vit bientôt s'ouvrir à la Haye (4), pour former entre cette cour et celles de Berlin et de Vienne, une triple alliance, dont le but étoit de garantir à la maison d'Autriche la possession des Pays-Bas. Etrange dénouement de la comédie que vous aviez jouée dans ces provinces, de concert avec la Prusse ! Ce dénouement, au surplus, ne dérangeoit rien à vos plans qui se retrouvoient toujours dans une suite prodigieusement exacte au milieu de toutes ces apparentes contradictions. Il vous importoit peu que le vulgaire vous jugeât sur vos masques différens, pourvu que vous arrivassiez aux réalités. Vous ne vous fites donc point de scrupule de vous montrer aussi empressé à féliciter *Léopold* sur ses succès dans les Pays-Bas, que vous l'aviez été pour y fomenter la rébellion sous *Joseph*. L'indépendance de la Belgique vous offroit des chances heureuses ; en applaudissant à sa soumission ; en offrant vos

---

(1) Léopold, arrivé à Vienne, garda envers nous, pendant deux mois, le plus profond silence. Son premier soin fut d'écrire à Londres et à Berlin, et nous dûmes encore à M. de Kaunitz cette conduite, faite pour étonner tout le monde, excepté nos ministres.

(2) Cette convention fut signée en juillet 1790, et amena les préliminaires qui furent signés en septembre suivant, entre l'Empereur et la Porte, à Reichenbach.

(3) Paix de Warela, en septembre 1790.

(4) Décembre 1790.

bons offices des premiers, pour la consolider, vous aviez l'espoir d'y obtenir des avantages mercantiles. Ainsi, Monsieur, dès que vous cessâtes de payer ou d'exciter des agitateurs, et qu'il ne vous convint plus de le faire, on vit les mouvemens qui fatiguoient l'Europe, se simplifier et l'horison politique s'éclaircir.

Au surplus, cette suspension momentanée de vos intrigues, vous fut commandée par des événemens qui méritoient bien autrement votre attention. Votre contestation avec l'Espagne venoit d'éclater; vous vouliez lui donner un caractère grave, il falloit tout quitter pour vous en occuper. Vous livrâtes les Ottomans à la Russie, et la nécessité qui étoit extrême, en 1788, d'armer tout le Nord pour les secourir, n'existoit plus en 1790, dès que cette nécessité ne servoit plus à vos projets. Vous trouviez une occasion plus directe d'attaquer la France dans sa considération et dans ses intérêts; vous dûtes abandonner les moyens détournés de lui nuire, pour vous jetter tête baissée dans les routes nouvelles que vous ouvroit la querelle de Nootka-Sound (1).

---

(1) Ce seroit fort mal juger de cet ouvrage, que de croire que ces rapprochemens ne soient qu'un effort d'imagination et un lieu commun. Si l'on remarque les époques, on se convaincra du contraire. Les nouvelles de ce qui s'étoit passé dans le détroit de Nootka arrivèrent en février 1790. On put voir dans le courant de mars ou d'avril, la tournure que prendroit cette affaire. On reçut à cette époque, les ouvertures de Léopold. On arrêta, au même instant, la fougue de la Prusse par la déclaration passée à Berlin en avril 1790, à la suite de la scène qui avoit eu lieu dans le conseil. On berçoit la Suède de belles promesses, et on laissa le duc de Sudermanie et Gustave III succomber dans la Baltique. La Prusse et l'Empereur conclurent, en juillet, leur accommodement, qui devoit servir de base à la paix de l'Empereur avec les Turcs, et l'on put se livrer tout entier au projet d'humilier la France et l'Espagne. Tout cela est clair.

Voici le secret de toutes ces contradictions. Le cabinet étoit divisé en deux partis. Celui de M. Pitt, qui avoit de son côté

C'est ici, Monsieur, que se montre, dans tout son jour, l'esprit dominateur et violent qui caractérisa toujours vos rapports avec la France et ses alliés. A peine la cour de Madrid a eu le tems de donner les premieres explications sur les bâtimens pêcheurs arrêtés sur les côtes de la Californie, et à peine elle a répondu aux prétentions que vous éleviez à cette occasion à la pêche dans ces parages, que vous envoyez votre monarque au parlement (1) pousser des cris de guerre. Telle fut la replique dont *M. Fitz-Herbert*, qui partoit pour Madrid, fut chargé pour *M. de Florida Blanca*, qui mettoit toute la bonne-foi, toute la modération possibles (2) dans cette insignifiante discussion. Il fallut sur-le-champ armer près de 60 vaisseaux, mettre une escadre dehors, faire des préparatifs formidables, tout cela avant d'avoir échan-

M. Grenville, le duc de Richmond, lord Chatham et lord Cambden ; et celui du roi, où se rangeoient le grand chancelier lord Thurlow et lord Stafford. Les derniers vouloient la guerre ; le roi étoit aigri contre la Russie et n'aimoit pas l'Empereur. Il satisfaisoit donc sa passion personnelle, en contrariant les deux cours impériales, et se donnoit d'ailleurs le mérite apparent de sauver la Porte du démembrement qui la menaçoit. Une amitié personnelle de Georges III pour Louis XVI le portoit à compâtir à la position de ce dernier monarque, et il répugnoit à ce sentiment, ainsi qu'à l'élévation d'ame de lord Thurlow de profiter de la situation de la France pour l'attaquer. M. Pitt avoit des plans plus profonds ; et le duc de Richmond, dont tous les discours, en toutes les occasions, portoient l'empreinte d'une haine brutale contre la France, annonçoit assez, en se rangeant dans son parti, quelles pouvoient être ses vues. Il vouloit jetter le désordre par-tout, réparer solidement ses finances et se mettre en mesure de porter à la France un coup décisif, dès que l'occasion s'en présenteroit. Il sera intéressant de voir les nouvelles combinaisons que les progrès de notre révolution firent naître dans ces deux partis.

(1) La nouvelle de l'arrestation des bâtimens arriva à Londres en février 1790. Les réponses de Madrid arrivèrent en mai. Le 5 mai, le roi alla au parlement.

(2) La cour de Madrid offroit de prime-abord la restitution de tous les bâtimens arrêtés.

gé avec la cour de Madrid un second office ; il falloit une réparation *satisfaisante, complette, immédiate avant même que l'Espagne put négocier ;* et cette réparation préalable, qui fait, d'une maniere singulierement ressemblante, la contre-partie du *sine quâ non* notifié à *mylord Malmesbury à Lisle*, et contre lequel vous jetez les hauts cris, cette réparation étoit elle-même la solution de tous les points qu'il s'agissoit de discuter. Je ne suivrai point votre conduite dans cette négociation depuis le moment où elle s'ouvrit jusqu'à la Convention (1) qui la termina : j'omettrai vos forfanteries sur la prochaine rupture du pacte de famille et vos insolentes hauteurs tant que l'assemblée nationale, dans la discussion du droit de paix et de guerre (2) vous parut hésiter à en remplir les obligations ; je ne dirai rien des artifices ni des sophismes que vous employâtes, aussi-tôt qu'un décret énergique (3) vous eut enlevé ces espérances, pour persuader à nos ministres, lorsque vous aviez déja plus de 30 vaisseaux à la mer, *que nous ne devions point agir avant d'avoir mûrement pesé les raisons de part et d'autre, et que, dans tous les cas, nous devions considérer l'Espagne comme l'aggresseur.* Je passerai sous silence la bonne-foi avec laquelle, apres l'échange des déclarations (4) par lesquelles vous obteniez la réparation exigée comme préliminaire, vous exécutâtes l'engagement que vous aviez pris, de désarmer dès que cette réparation auroit été donnée et la délicatesse avec laquelle vous sûtes nous écarter de la négociation après nous avoir acceptés pour médiateurs. L'ivresse qui vous transportoit ne vous permettoit pas de réfléchir sur les germes d'inimitiés que semoient des

(1) Convention d'Aranjuez, 28 octobre 1790.
(2) Mai 1790.
(3) Décret du 26 août 1790.
(4) 25 juillet 1790.

procédés aussi indécens. Vous vous crûtes un moment le protecteur de l'Europe, et vous semblâtes avoir persuadé à votre monarque qu'il en étoit l'arbitre; ce n'est que dans cette supposition qu'on explique le discours que vous lui fites tenir à l'ouverture de la session du parlement. « J'ai, disoit-il, après avoir rendu compte du résultat de votre glorieuse négociation avec l'Espagne; « j'ai interposé ma médiation pour faire rentrer les Pays-Bas dans le devoir.... J'ai eu une part très-marquée à la paix conclue entre la Porte et le roi de Hongrie.... Je ne négligerai rien pour en prendre une très-active dans la pacification de la cour de Pétersbourg avec ses ennemis (1) ». Je ne ferai point de réflexions, Monsieur, sur ce qu'un pareil langage avoit de propre à calmer les esprits et à consolider la paix. Cet étalage fastueux séduit les ministres passionnés et entraîne le vulgaire. C'est au marquis de *Lansdowne* à nous apprendre ce que les hommes sages doivent en penser.

« Jusqu'en 1787, dit cet orateur (2) distingué, » la conduite des ministres a mérité les éloges de » tous les partis. Mais depuis que la guerre a été » allumée dans l'Orient, je ne vois dans leur ad- » ministration qu'erreurs, qu'intrigues, que foi- » blesses, que petites vues. Je les vois occupés à » négocier par-tout, et par-tout l'Europe menace » de s'embrâser sous leurs auspices. Bientôt après, » la France attire leurs regards, et je les vois prêts » à s'écrier, *delenda est Carthago*. Pour une » querelle plus que subalterne, on a forcé l'Espagne » à des conditions qu'on n'avoit point le droit de lui » arracher. C'est un triomphe qui peut séduire quel-

(1) Discours du roi à l'ouverture de la session, commencée le 29 novembre 1790.

(2) Séances des 13, 14 et 15 décembre 1790.

» ques personnes; mais la plaie saignera toujours,
» et la manière peu généreuse avec laquelle nous
» avons profité des circonstances où se trouve l'Es-
» pagne, est faite pour laisser de douloureux sou-
» venirs. Combien n'eut-il pas été plus beau de
» dire à l'Espagne : La maison de votre voisin est
» en feu, il ne peut vous assister : nous ne profi-
» terons point du malheur de votre position et
» nous négocierons avec franchise? Une pareille
» conduite ne se concilie point les applaudisse-
» mens du vulgaire; mais elle jette les bases d'une
» paix solide. Elle nous eut concilié l'Espagne et
» la France, elle eut affoibli le pacte de famille
» peut-être; au lieu que notre conduite n'a fait
» qu'en resserrer les nœuds ».

Peut être, Monsieur, ai-je beaucoup insisté sur des époques qui peuvent paroître étrangères à mon objet. Mais il importoit de bien constater le système de votre cour dès le commencement de notre révolution, afin de mieux entendre celui qu'elle adopta au milieu de ses développemens ; il importoit de prouver que vous n'avez jamais visé, malgré les apparences du contraire, qu'à brouiller tout en Europe, à tout plonger dans un chaos de négociations et de prétentions contradictoires dans l'espérance coupable de voir les ressources s'épuiser, l'industrie décroître chez toutes les nations, tandis que l'Angleterre ne cesseroit de prospérer au milieu du malheur général ; que vous n'avez vu la révolution française que comme un moyen d'arriver plus sûrement à votre but, une occasion d'anéantir une rivale dont la puissance et les ressources bien dirigées, pouvoient seules opposer une digue à vos projets; que vous n'avez jamais voulu sérieusement vous unir à la France pour consolider enfin les droits de tous, menacés par le torrent des convenances débordé depuis la paix de 1763, arrêté un moment dans son cours par Vergennes, et déchaîné depuis la mort de ce ministre avec une nouvelle violence. Ce machiavélisme bien constaté, on verra que vous n'avez cessé de le suivre, avec quelques variantes, durant les progrès de la révolution française; que vous dirigeâtes sur nous la fureur co-partageante des puissances dont vous aviez été naguères l'ennemi; que vous eutes l'adresse de faire tenter à ces puissances les premiers hasards de la guerre, pour observer à votre aise, sous le masque d'une fausse modération, les effets que vous attendiez en France de la guerre extérieure, combinée avec les factions qui divisoient une cour que ses dangers n'avoient pu réunir; et qu'enfin, aussitôt que vous apperçûtes les principes vitaux de ce grand corps politique reprendre le dessus et triompher de la dissolution, par une révolution qui arracha les rènes de l'état à des mains aussi corrompues qu'inhabiles, vous jettâtes le masque, vous cherchâtes à l'écraser par la violence, et vous généralisâtes une guerre dont vous aviez allumé les premiers feux.

Je sais que le tableau que je viens de tracer de vos tracasseries, de vos intrigues et de vos projets ambitieux, loin de vous attirer l'animadversion de la nation anglaise, est au contraire propre à rehausser votre crédit aux yeux d'un peuple pour qui la prospérité des autres fut toujours un tourment, et l'abaissement de la France un besoin journalier : je sais que le succès dans ces entreprises criminelles, qui tendent à établir la richesse de l'Angleterre sur les débris de celle des autres Etats, ne fut jamais un crime à *Westminster-Hall*, et que jamais on n'y vit de ministres accusés que pour n'avoir pas réussi : mais, Monsieur, après vous avoir montré à mon pays méditant sa ruine, et à l'Europe conspirant contre sa tranquillité et son bonheur; je pourrai bien vous dénoncer à votre nation, par un examen sérieux, approfondi de ce qu'elle a gagné à cette guerre aussi criminellement préparée qu'atrocement conduite; de ce qu'elle a perdu en liberté et acquis en servitude; de ce que le monarque a recueilli en prérogatives, et les ministres en moyens de richesses et de corruption, et de ce qu'elle a moissonné de calamités, d'impôts tyranniques et de loix inconstitutionnelles, qui lui ôtent jusqu'au droit de se plaindre et de vous accuser de ses malheurs.

Ce résumé, nécessaire pour fixer votre esprit et le mien sur les scènes confuses que nous avons parcourues, indique en même-tems, Monsieur, la tâche qui me reste à remplir. J'ai besoin de reprendre haleine et je la remets, pour ne point vous fatiguer, à une lettre suivante.

Paris, ce 30 *novembre* 1797.

De l'Imprimerie du FRONDEUR, rue de Chartres, N°. 347.

www.ingramcontent.com/pod-product-compliance
Lightning Source LLC
LaVergne TN
LVHW021643170726
843501LV00007B/2385

* 9 7 8 2 3 2 9 6 5 1 9 1 0 *